DONNA E MADRE

Testo e opera di Francesca Errico
https://www.facebook.com/FraArt89

Fotografie di Veronica Maniscalco
https://www.instagram.com/farfi89/?hl=it
https://www.facebook.com/vmaniscalcophotographer

Anno 2020

Ringraziamenti

A Roberto che mi ha sempre spronata
e che ha sempre creduto in me,
più di quanto abbia fatto io.

A Giuseppe Leonardi
Il mio professore di Pittura
dell'Accademia di Belle Arti di Torino,
che incoraggia i suoi allievi a non avere
mai paura di essere loro stessi.

Alle donne che mi hanno aiutata nella mia ricerca,
coraggiose, forti e straordinariamente loro stesse.

Indice

4	Introduzione
4	Ciò che provo e ciò che dovrei provare
5	Le testimonianze
10	Malattie degenerative e gravidanza
12	Aborto
14	Il Progetto
16	Ispirazione
21	Ispirazione
24	Interpretazione religiosa
25	Il coraggio di lasciar andare il passato
27	L'Opera
40	Sitografia-Bibliografia

Introduzione

Il mio progetto è parte di un lavoro che, unito ai progetti che sto realizzando per le altre materie, costituisce il percorso di ricerca e studio per la mia tesi di laurea. Il tema generale è la Donna e per ogni corso ho deciso di sviluppare un argomento diverso.
Ho scelto di trattare un tabù di cui si parla ancora troppo poco: i pensieri negativi e i sentimenti di paura, angoscia e frustrazione che una donna può provare durante e dopo la gravidanza. Sentimenti che, per la nostra società, una donna non dovrebbe provare, che vengono sminuiti e usati per accusarla di non essere all'altezza di quello che si ritiene debba essere la sua ragione di esistenza, ovvero la maternità. Parlerò anche dell'aborto, di come lo vivono alcune donne e di come questa scelta pesi al genere femminile a causa di un pensiero comune ancora chiuso e bigotto.
Per svolgere al meglio il mio lavoro ho raccolto personalmente alcune testimonianze di donne che si sono gentilmente prestate alle mie domande.

Ciò che provo e ciò che dovrei provare:

Tutt'oggi nella nostra società si parla unicamente degli aspetti positivi di una gravidanza, tralasciando o sminuendo i pensieri e le situazioni spiacevoli, come se in confronto al "grande evento" non fossero importanti oppure come se iniziare finalmente a raccontare le cose come stanno potesse indurre le donne a smettere di fare figli.
Al contrario, se le donne fossero a conoscenza di tutti gli eventi e stati d'animo in cui è possibile ritrovarsi durante uno degli eventi più importanti della vita di un essere umano, riuscirebbero a vivere questa esperienza più serenamente e soprattutto saprebbero di non essere sole e quindi non si sentirebbero sbagliate.

Le Testimonianze:

Le esperienze raccontate da queste donne sono tutte diverse eppure spesso i sentimenti che hanno provato sono stati molto simili, a volte gli stessi.
Spesso hanno dovuto superare le difficoltà da sole e non posso fare a meno di pensare che, se avessero avuto al loro fianco delle persone comprensive o che avessero vissuto le stesse vicissitudini, avrebbero superato i loro problemi più serenamente e senza sentirsi inadeguate.
Ci sono donne che si sono ritrovate una gravidanza senza averla cercata e che è costata loro il posto di lavoro. Alcune donne non riuscivano ad accettare il cambiamento del loro corpo, non si sentivano pronte e hanno provato un senso di smarrimento, mentre intorno a loro le persone che non sono state capaci di comprendere i loro sentimenti parlavano indelicatamente della gravidanza come se gli aspetti negativi fossero inesistenti; questo, oltre a non aiutare in alcun modo la donna incinta, può anche farla sentire in difetto. La paura del parto accomuna quasi tutte le donne, come il timore che il figlio o figlia non sia sano. Il rischio di un aborto spontaneo, inoltre, risulta più probabile di quello che si può credere e quindi anche le preoccupazioni a riguardo.
C'è chi prova forti sensi di colpa verso il bambino per aver paura di non essere all'altezza come madre o perché non ha provato quell'immensa gioia post-parto che ci viene raccontata.
Alcune donne subiscono i giudizi altrui riguardo al modo in cui si prendono cura del figlio e spesso questi giudizi arrivano da chi in primis dovrebbe sostenerle, come i loro genitori o i suoceri.

Ho scelto di riportare una testimonianza anonima, prima di parlare dell'aborto, per far comprendere meglio il concetto che vorrei raccontare nel mio progetto:

"Ho desiderato tanto essere mamma, fin da bambina. Quando ho scoperto di essere incinta è stato, senza esagerare, il giorno più bello della mia vita. Ma già dal giorno dopo sono iniziate le ansie e le preoccupazioni. Tutta la gravidanza è stato un periodo stressante, perché avevo il terrore di perdere la bambina o che non fosse sana. Inoltre, avevo paura del parto, paura di non riuscire ad affrontare qualcosa di così enorme e spaventoso. Infatti, il mio parto non è stato facile. Il travaglio è stato brevissimo e non molto doloroso, ma la fase espulsiva è stata un incubo. La bambina si è incastrata e ho spinto per ore (di solito bastano un paio di spinte), non so per quale miracolo si è disincastrata mentre mi preparavano per il cesareo d'urgenza. Nel delirio del dolore, sono arrivata a pensare "se l'avessi persa (stava accadendo nel primo trimestre) non starei soffrendo così", un po' mi vergogno, ma in effetti non ero lucida. In quel momento stavo così male che alla bambina non pensavo, non pensavo che stesse rischiando di andare in sofferenza, pensavo solo "fatela uscire e fatemi smettere di soffrire". Mi sento egoista, ma allo stesso tempo ringrazio Dio di avermi "ubriacata" così tanto di dolore da non farmi pensare al rischio che stava correndo mia figlia, altrimenti sarei morta di paura. Quando finalmente è uscita, ho solo chiesto se stesse bene. Basta. Sì, ero contenta, sì, l'ho amata subito, ma non ho sentito la gioia intensa che ho provato quando ho scoperto di essere incinta. Ero stanca, i punti per l'episiotomia mi hanno fatto male per settimane, il seno mi sanguinava e allattare nei primi tempi è stato un incubo. Sono rimasta traumatizzata dal parto e ho deciso di non volere altri figli. Non so se cambierò idea. Il primo mese dopo il parto mi sono sentita smarrita. Amavo la mia bambina ma sentivo come un'ombra nel cuore. Non ero felice. Soffro di disturbo ossessivo compulsivo che mi porta dei pensieri intrusivi. Sono dei

pensieri molesti che mi provocano forte fastidio o sofferenza, che il mio cervello mi regala non so perché. All'inizio li avevo su mia figlia. Non le avrei mai fatto del male, lo sapevo, ma il mio disturbo mi tormentava. Ho alternato momenti in cui tutto andava bene ad altri in cui volevo morire. Avevo paura di non essere una buona madre, paura di far male, anche senza volere, a mia figlia. Paura per il futuro. Come mi è venuto in mente di far nascere una femmina in un mondo dove esiste lo stupro e il femminicidio? Mi faceva impazzire poi il fatto che lei dipendesse totalmente da me. E anche il fatto che fosse inerme. Io la amavo e facevo di tutto per curarla, darle amore, ma lei non mi aveva scelto, le ero solo capitata e se io fossi stata una persona diversa, o se fossi impazzita e le avessi fatto del male, lei avrebbe potuto solo subire. È difficile forse da spiegare, ma questa cosa mi faceva morire dentro. Poi avevo paura perché pensavo che se mia figlia, che ho desiderato da quando ero bambina, non mi rendeva felice, intendo nel senso che facesse sparire la depressione, nulla lo avrebbe fatto mai. E se io sono così, con il mio disturbo ossessivo compulsivo, la mia ansia perenne e tutti i miei problemi, anche mia figlia sarà così? Le darò in eredità tutto questo o le renderò la vita difficile a causa dei miei problemi? Adesso va un po' meglio. Riesco a gestirla e non vado più in panico quando piange. Adesso sono un po' più felice, però ho ancora paura, perché vorrei non crescesse mai, vorrei restasse sempre innocente e felice e non conoscesse mai il dolore. Essere una madre non è stare in una nuvoletta serena e perfetta. Forse è così per l'1% delle donne, o forse mentono anche loro. Si pensano cose brutte, si sta male e rialzarsi è tanto difficile. Questo dovrebbero dire alle mamme. Sì, c'è tanto amore, tanta felicità, non avrebbe senso la mia vita senza mia figlia, ma non è solo questo, lo devono dire alle mamme che se non sono felici all'inizio, va bene. Va bene e non si è sbagliate, non si è cattive madri. Forse se non ci fosse tanta ipocrisia, le mamme sarebbero meno sole e non accadrebbero certe tragedie. E mi spiace dirlo, ma a volte le peggiori nemiche sono le altre mamme. Avranno sofferto anche loro, ma invece di aiutarsi a vicenda preferiscono negare e giudicare. Non si fa così. Ho tante amiche che hanno partorito dopo di me, si sono confidate ma avevano paura di essere giudicate e invece io avevo provato lo stesso. Questo non dovrebbe più accadere, nessuna madre dovrebbe aver paura di essere giudicata".

Nella convinzione che questo sia il periodo più bello nella vita di ogni donna e che i relativi problemi in fondo non siano così gravi o non contino, in confronto al grande evento, si trascura di preparare le donne riguardo gli aspetti negativi della gravidanza che, di conseguenza, quando inaspettatamente si presentano, colpiscono come macigni e spesso causano senso di inadeguatezza.
Non riesco a non pensare che sia un'altra delle conseguenze della cultura patriarcale che pone la donna sempre in secondo piano.
La donna viene considerata meno importante della vita che sta per generare e ci si dimentica che il malessere della madre si rifletterà sul bambino o bambina in arrivo. Naturalmente non bisogna provvedere a rimediare a queste mancanze per salvaguardare il nascituro, bensì perché non ha assolutamente senso che tante donne siano costrette a soffrire sole e in silenzio pur di non scardinare vecchie e sbagliate convinzioni comuni sulle gioie della gravidanza, che fanno sentire tanto al sicuro coloro che non riescono ad accettare che possa esistere una realtà diversa da quella in cui sono nati e cresciuti.
Se si guardasse in faccia la realtà e si iniziasse a parlare complessivamente della gravidanza, tutte le donne potrebbero vivere le loro scelte in maniera più serena e consapevole.
Questo avrebbe anche un riscontro positivo nei riguardi delle donne che decidono di optare per una scelta diversa dalla maternità, perché dare rilevanza ai problemi della gravidanza significherebbe affermare che i problemi delle donne non sono secondari, ma che sono importanti e vanno ascoltati e compresi. Significherebbe affermare che la donna è importante in quanto essere umano e non in quanto generatrice di vita e si inizierebbe ad essere più comprensivi verso le donne che decidono di non avere figli.

MALATTIE DEGENERATIVE E GRAVIDANZA:

Una delle testimonianze che ho avuto la fortuna di ascoltare è stata davvero inaspettata, non posso riportarla tutta perché è molto lunga quindi ne riassumerò i punti più importanti.
Questa donna mi ha raccontato un problema di cui non avevo immaginato l'esistenza, ovvero di come la società ed alcuni medici si rapportino con le donne affette da una malattia grave; in questo caso specifico, la sclerosi multipla. Quando le è stata diagnosticata questa malattia, la prima frase che la neurologa le ha detto è stata:
"Non preoccuparti, potrai avere figli"; affermazione che è stata percepita come se la dottoressa stesse dando per scontato che, essendo una donna, lei avrebbe sicuramente voluto diventare madre, ma sbagliando in pieno, perché questa donna è *child free*, ovvero non vuole avere figli. Ovviamente non è un grave malinteso dato che si risolve in un secondo. Ciò che in realtà è sbagliato è che la società ritenga ovvio che ogni donna desideri diventare madre, ma ancora peggiori sono le conseguenze di queste malattie, che si conoscono, ma che spesso si omettono (non per cattiveria, ma perché questa malattia colpisce ogni persona in modo diverso e perché comporta così tante possibili conseguenze che non si possono elencare tutte), come il fatto che trovandosi in uno stadio avanzato probabilmente lei avrebbe potuto subire un aborto terapeutico a causa del farmaco.
Una donna con la sclerosi multipla durante la gravidanza deve smettere il farmaco e non può fare risonanze, ma la gravidanza stessa, in molti casi, durante il suo periodo, protegge dalla malattia. Quello che troppe volte viene omesso è cosa può accadere a queste donne dopo la gravidanza, ovvero una pesante ricaduta con il rischio di

essere costrette su una sedia a rotelle o la perdita della vista. Può capitare di avere una forma lieve della malattia che dopo il parto peggiori gravemente. Per le persone che ne soffrono, i giorni che si susseguono possono essere molto diversi: ci si può svegliare stando bene o a pezzi, si può iniziare una giornata in forma e poi improvvisamente le cose possono peggiorare. È una malattia che pretende molto tra diagnostica, visite e fisioterapia e tantissime persone con la sclerosi multipla soffrono anche di depressione e sbalzi d'umore, di conseguenza prendersi cura di un bambino può rivelarsi un'impresa davvero difficile. Questo non significa assolutamente di sconsigliare alle donne con sclerosi multipla o altre malattie comparabili di avere figli, ma di metterle al corrente di tutto quello che potrebbe accadere per dar loro la possibilità di scegliere consapevolmente.

La donna che ha condiviso con me la sua testimonianza mi ha raccontato che i medici cercano, in buona fede, di spronare i loro pazienti ad essere positivi dicendo loro che potranno avere figli e una vita normale, ma forse lo sbaglio sta nel considerare il fatto di avere figli come qualcosa di giusto a prescindere e che tutti desiderano. Sarebbe giusto iniziare a diffondere l'idea che per una donna la gravidanza non è in assoluto la scelta migliore che può fare, ma solo una delle scelte tra le tante possibili.

Sarebbe ora di cancellare dalla faccia della Terra l'assurda convinzione che la donna perfetta sia quella che si sacrifica per la famiglia e iniziare a sostenere che scegliere di prendersi cura esclusivamente di se stessa sia una scelta giusta, tanto quanto quella di avere figli.

ABORTO:

Su questo argomento ci si potrebbe dilungare all'infinito, ma io mi limiterò a parlare di ciò che ritengo più importante e a riportare le due testimonianze che ho ascoltato.
L'aborto è un sacrosanto diritto della donna che deve avere la possibilità di scegliere per se stessa a prescindere dalle motivazioni che l'hanno spinta ad abortire.
Una delle due testimonianze è di una donna che a sedici anni è rimasta incinta e quindi ha scelto di abortire. Racconta di come l'aborto per lei sia stata una scelta difficile che l'ha segnata profondamente. Di quella terribile esperienza ricorda indelebilmente la frase di un'infermiera: "Il tuo utero non è un giocattolo". La colpevolizzazione, come se l'aborto non fosse già un'esperienza abbastanza traumatica, è una piaga che affligge soprattutto le donne. Gli uomini, che hanno metà della responsabilità in una gravidanza indesiderata, spesso e volentieri non vengono neanche mai nominati e non subiscono nessun tipo di conseguenza o rimprovero.
La seconda testimonianza di aborto è di una donna a cui è stata illegalmente negata la ricetta della sua pillola da una guardia medica, obiettore di coscienza. La donna a quel tempo non sapeva che rifiutare la ricetta della pillola fosse (ed è) illegale, quindi non ha contestato il rifiuto della guardia medica e in un momento di dimenticanza è rimasta involontariamente incinta. Come se non bastasse, quando è andata in ospedale per prendere i contatti per la IVG (interruzione volontaria della gravidanza) ha dovuto subire anche il giudizio di un medico che l'ha rimproverata.

Le ultime testimonianze che ho riportato provengono da donne child-free, che vivono serenamente la loro scelta, senza il timore del giudizio altrui. Sono donne dal carattere forte e indipendente e un aspetto che non avevo preso in considerazione (non perché io abbia qualche sorta di pregiudizio, ma semplicemente perché non mi era venuto in mente) è la loro sensibilità verso le donne che invece vogliono avere figli. Entrambe, mentre mi raccontavano la loro esperienza hanno detto: "mi immagino al mio posto una donna che invece avrebbe voluto avere figli", quanto sarebbe stata mortificata da un obiettore di coscienza, dalle aspettative o dai giudizi di una persona insensibile.

IL PROGETTO

La mia opera è ricca di elementi, ognuno dei quali è frutto di riflessioni e ogni elemento scelto ha un significato preciso.
Partiamo dalla scelta del supporto: il calco del pancione. Il calco del pancione è una moda pop abbastanza in voga tra le future neomamme, che decidono di fare questa divertente esperienza per avere un ricordo del periodo della gravidanza. Il calco quindi, nel pensiero comune, rappresenta la gioia ed è un oggetto creato per essere guardato con nostalgia. Può essere decorato o lasciato color gesso e solitamente sui fianchi vengono applicati dei nastri di raso, grazie ai quali il calco può essere appeso ad una parete come un quadro.
Il calco appeso mostra la parte esterna del pancione e nasconde il suo interno concavo e vuoto.
Ho scelto questo supporto perché mi permette di creare un'opera a tutto tondo, in grado di raccontare la gravidanza nella sua totalità.

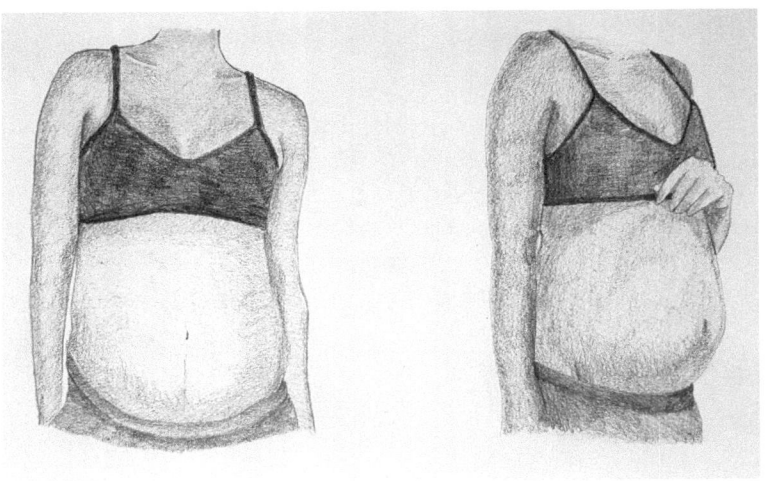

Elaborato grafico 1, grafite.

Sul pancione, nella parte visibile a tutti, è rappresentata la dolce attesa, felice e spensierata, quella della quale si vorrebbe conservare il ricordo per sempre. Dentro al calco del pancione, nella parte nascosta, sono rappresentati gli aspetti negativi della gravidanza, l'esperienza che si vorrebbe dimenticare, ma che spesso rimane indelebilmente scolpita nella memoria.
Ho realizzato il calco con l'aiuto di una mia cara amica che ha accettato di farmi da modella.

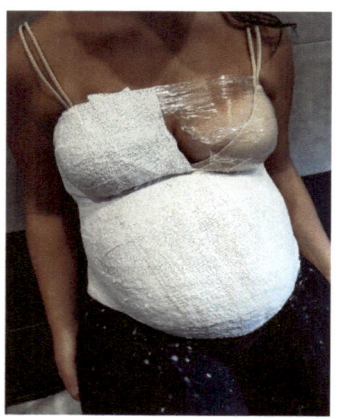 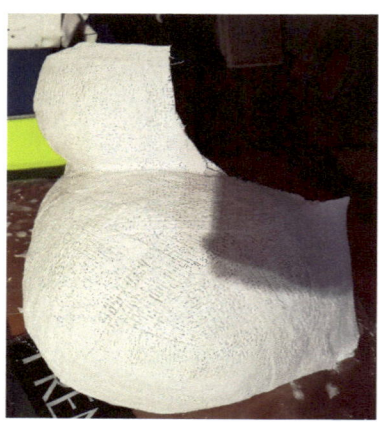

Il calco in gesso, separato dalla modella, viene lasciato asciugare per 24h; successivamente viene rinforzato sia internamente che esternamente aggiungendo altre garze gessate. Trascorsi tre giorni viene lavorato con la carta vetro per renderlo liscio e omogeneo.
Terminate queste operazioni, il calco è pronto per essere dipinto.

Esternamente ho pensato di dipingere l'albero della vita, simbolo di fertilità, nascita e della vita che cresce, per rappresentare il lato positivo della maternità, quello che tutti vediamo e conosciamo.

ISPIRAZIONE:
Il significato simbolico dell'albero: la conoscenza e/o la vita, è stato ripreso in molte culture fin dalla nascita dell'arte ed è tutt'ora utilizzato.
Ho scelto di ispirarmi all'albero della vita di Gustav Klimt, del 1909, l'opera realizzata in tre pannelli che ha al centro, appunto, "l'albero della vita", a sinistra "La danzatrice" e a destra "L'abbraccio".
È un'opera molto elaborata e ricca di significati e io mi concentrerò in particolare sul significato dell'albero.
Un albero d'oro dai mille rami, che si intersecano andando a formare figure geometriche e somiglianti a nuvole e onde, e sopra ai quali è rappresentato il ciclo della vita. Quasi al centro dell'opera, appollaiato su un ramo, spicca un uccello nero che rappresenta la morte, minaccia sempre presente, che seduta, attende.

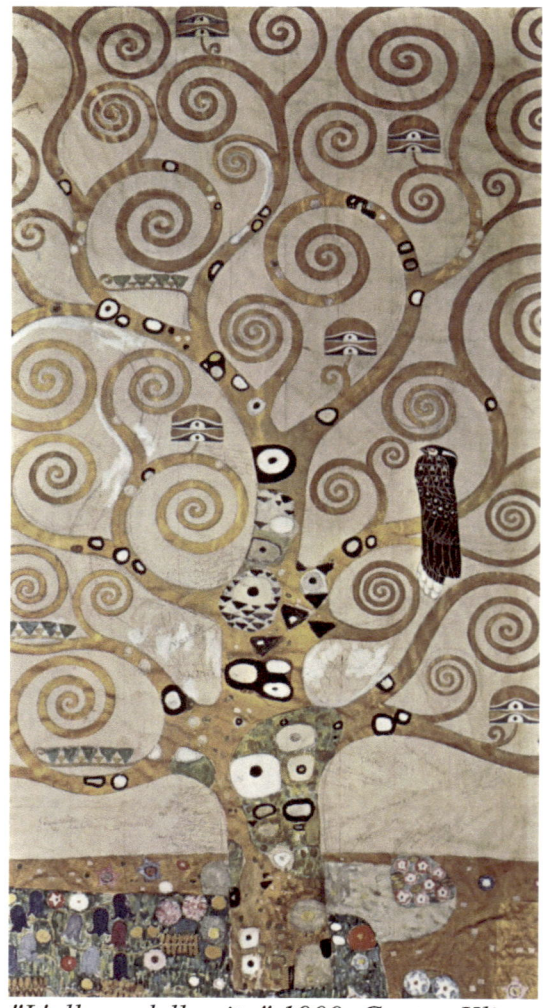
"L'albero della vita" 1909, Gustav Klimt

Internamente al calco del pancione volevo riuscire a descrivere il disagio provato dalle donne a causa dei momenti difficili della gravidanza. Ho scelto di realizzarlo all'interno perché è la parte buia, triste e nascosta, quella che non viene rappresentata.

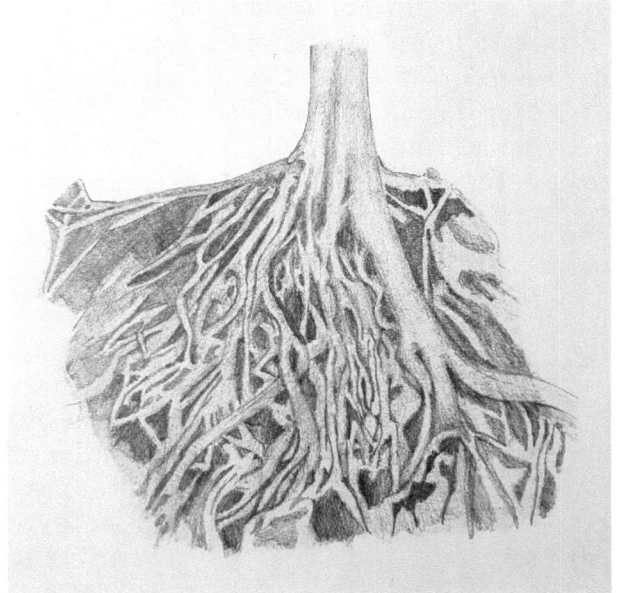

Elaborato grafico 2, grafite.

I simboli che ho deciso di utilizzare sono: le radici, le mani, il feto.
Le radici non rappresentano solamente la parte nascosta dell'albero della vita, ma anche le tradizioni a cui siamo volontariamente o involontariamente legati e spesso sottomessi. Sono i modi di pensare, le usanze, il luogo e la cultura dentro i quali nasciamo e cresciamo e da cui siamo inevitabilmente influenzati.
Queste radici ci dicono chi siamo e ci fanno provare la sicurezza e il conforto di non essere soli, di appartenere ad un gruppo sociale, ad una famiglia e sono la base su cui abbiamo iniziato fin da piccoli a costruire le nostre

certezze. Molto spesso però le nostre radici sono qualcosa che ci opprime e da cui vorremmo scappare. Sono strascichi di tradizioni antiche che dovrebbero essere ormai superate, ma che continuano a persistere, forse proprio perché fanno parte di quelle certezze senza le quali molti esseri umani si sentirebbero persi.
Nel mio progetto le radici rappresentano anche ciò che è nascosto, che non viene detto e che stritola chi non può esprimere i propri reali sentimenti.
Rappresentano la donna che è legata dalle sue radici, al suo destino di madre.
Radici che imprigionano le mani.

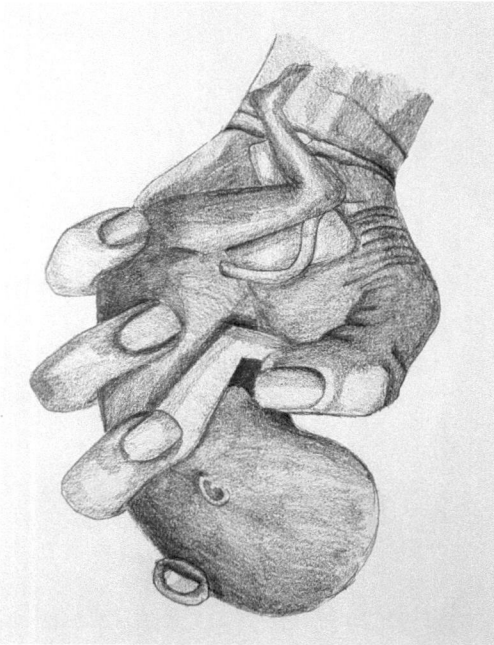

Elabrato grafico 3, grafite.

Le mani rappresentano la donna che nel corso della storia ha sempre avuto "le mani legate" sulle scelte che la riguardavano. Quindi la donna che può "tenere nelle mani una vita", ma non è libera di scegliere per la sua. Le mani sono il simbolo dell'agire, del sorreggere, del proteggere e, a seconda della forza o della delicatezza utilizzate, possono far del male o del bene.
Nel mio progetto le mani imprigionate non hanno libertà di movimento e sono costrette a sottomettersi alla forza delle radici.

Mani che racchiudono un feto.

Infine il feto, dentro il calco del pancione e al centro dell'opera, rappresenta il fulcro di tutte le polemiche esistenti, quando si parla di gravidanza e aborto, sul quale si sposta l'attenzione che dovrebbe essere rivolta al diritto della donna di decidere per la propria vita. Vorrei anche che potesse rappresentare quello che il fruitore o la fruitrice vedono quando lo guardano: un bambino, l'inizio della vita, una responsabilità, un peso, la fine della propria libertà, l'inizio di un'avventura o altro.

ISPIRAZIONE:
La realizzazione dell'interno non è stata affatto facile. Avevo tutti gli elementi e sapevo in che modo assemblarli tra loro, ma mi mancava un elemento fondamentale: il colore.
Avevo un'idea in mente, ma non riuscivo ad esprimerla. Mi servivano dei colori che trasmettessero esattamente il messaggio che volevo comunicare.
 Nel corso dei miei studi, mi sono imbattuta in Emilio Scanavino, un artista le cui opere mi hanno folgorata. Rappresentano esattamente quello che volevo dire.
I suoi lavori sono l'espressione dei sentimenti di angoscia e malessere causati dagli orrori della guerra, a cui era stato chiamato a partecipare contro la sua volontà.
La scelta dei colori di Scanavino, i segni e i nodi ripetuti ossessivamente nelle sue opere mi trasmettono ciò che io vorrei comunicare ai fruitori della mia opera.

(Per motivi di copyright non ho potuto inserire le immagini delle sue opere, ma alla fine del libro ho aggiunto una piccola sitografia con due link che consiglio di andare a guardare).

Per realizzare il feto ho usato il das, mentre per realizzare la mano ho utilizzato un kit per i calchi in gesso.
Ho immerso per tre minuti la mia mano con il feto nell'alginato per creare lo stampo e successivamente ho colato all'interno il gesso liquido.
Dopo 24 ore, il calco in gesso si è solidificato e ho potuto estrarlo dallo stampo.

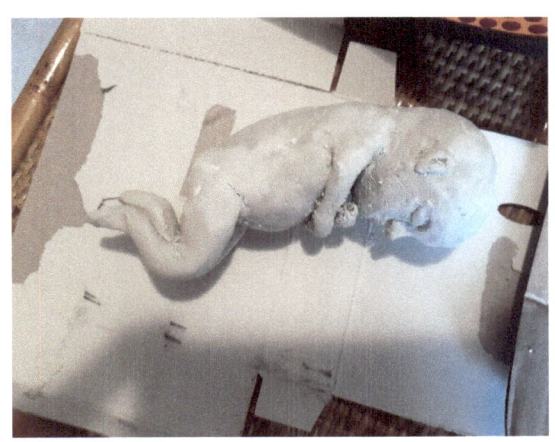

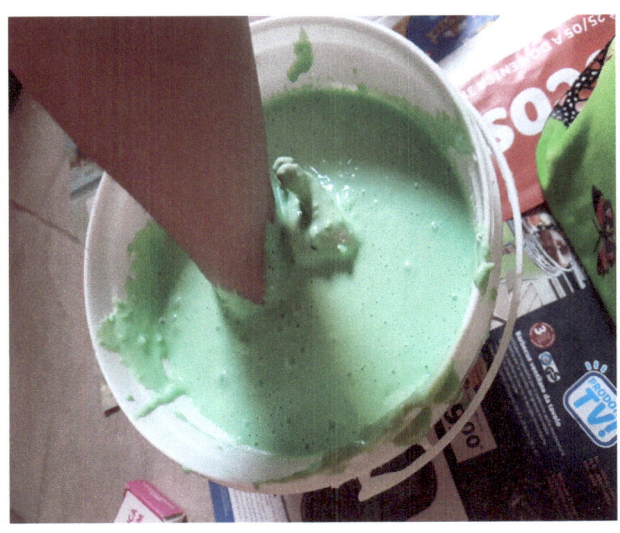

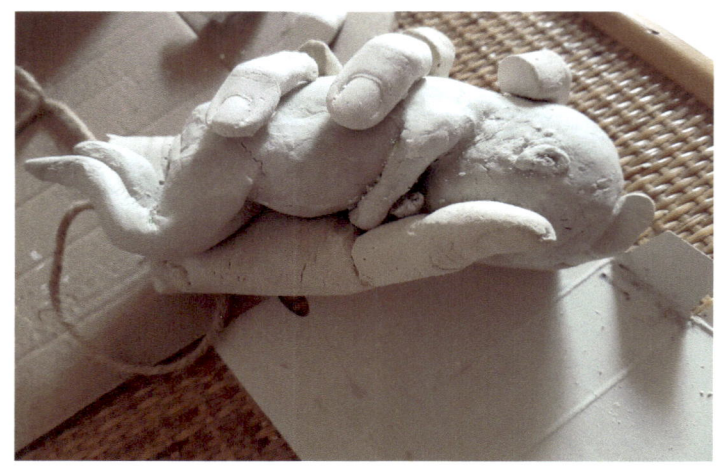

INTERPRETAZIONE RELIGIOSA

Vorrei infine dare un'ulteriore lettura alla mia opera, d'impronta religiosa, con un duplice significato tra il sacro e il profano.
L'interno del pancione può essere visto come la grotta dov'è stato concepito Cristo, rivisitata in chiave contemporanea e con un significato attuale.
La Madonna, donna perfetta secondo la concezione comune (colei che soffre e sopporta, che subisce le decisioni altrui, dall'essere stata scelta come madre del figlio di Dio, senza la possibilità rifiutare, alla castità), contrapposta alla donna contemporanea che sta prendendo coscienza di se stessa, delle sue necessità e dei suoi diritti. La donna che ora vuole smettere di fingere che vada tutto bene e che vuole gridare a gran voce che ora il mondo deve cambiare.

IL CORAGGIO DI LASCIAR ANDARE IL PASSATO:

Ogni essere umano cresce con regole e ideologie che gli/le sono state tramandate. Sulla base di queste ideologie costruiamo la persona che siamo, convinti che siano giuste e indiscutibili. Siamo così certi della loro incontestabilità che quando ci accorgiamo che queste convinzioni ci fanno soffrire, pensiamo di essere noi ad avere qualcosa di sbagliato e di essere diversi da com'è giusto essere. Questa visione del mondo in bianco o nero è semplice e quindi conferisce sicurezza. Non avere dubbi ci fa sentire al sicuro, perché significa che ogni cosa è al suo posto, ogni cosa sta andando come deve andare e quindi non esistono problemi da affrontare. A volte capita che qualcosa o qualcuno metta in discussione le nostre convinzioni e noi possiamo reagire in due modi: rifiutare i dubbi che ci vengono presentati e chiuderci ancora di più dentro le nostre idee, oppure aprirci, ascoltare, mettere in discussione noi stessi e rivedere daccapo ciò in cui abbiamo sempre creduto fermamente.
L'antropologo Marco Aime, nel suo libro "Cultura" scrive: *"Secondo il grande sociologo tedesco Max Weber (1864-1920) «l'uomo è un animale sospeso fra ragnatele di significati che egli stesso ha tessuto». Infatti, una volta messo in piedi questo corpus di regole, noi stessi ne cadiamo vittime. L'abitudine, il conformismo, la convenienza fanno sì che la maggior parte di noi tenda a conformarsi ai costumi vigenti e che a forza di seguire le regole, queste finiscano per apparire immutabili, imprescindibili, come se, invece di essere una creazione umana, fossero dettate dalla natura. Di questo ci ammoniva quasi cinque secoli fa Michel de Montaigne (1533-1592) quando faceva notare che spesso ciò che appare naturale in realtà è solo un prodotto di abitudini consolidate nel tempo, e l'abitudine «è in verità una*

maestra di scuola imperiosa e ingannatrice [...], ci si manifesta con un viso furioso e tirannico, sul quale noi non siamo più liberi neppure di alzare gli occhi. La vediamo ad ogni momento forzare le regole di natura»".
Mettersi in discussione è un lavoro lungo e difficile, perché spesso sembra voglia significare ammettere di avere torto, altre volte sembra una mancanza di rispetto verso chi ci ha educato e cresciuto. Alcune persone non riescono ad accettare che chi li ha cresciuti con amore e sacrificio abbia potuto commettere errori, anche significativi, e aver trasmesso loro ideologie sbagliate.
Ci sono persone che ad un certo punto della loro vita si domandano se hanno qualcosa che non va perché non riescono ad adattarsi a determinate ideologie o se in realtà sono queste ideologie ad essere sbagliate.
Con la mia opera vorrei contribuire al processo di presa di coscienza delle persone, vorrei che tutti si rendessero conto che una convinzione che causa sofferenza a qualcuno è obbligatoriamente da migliorare, perché la cultura che viene tramandata di generazione in generazione dovrebbe essere costruita rispettando le esigenze di ogni individuo per migliorarne la vita; se la tradizione non si adatta alle esigenze di tutti gli individui esistenti significa che ha delle lacune o che è sbagliata e quindi va cambiata. Si deve capire che non esiste un'unica scelta di vita corretta per tutte le donne, come non esiste per tutti gli uomini.

L'Opera

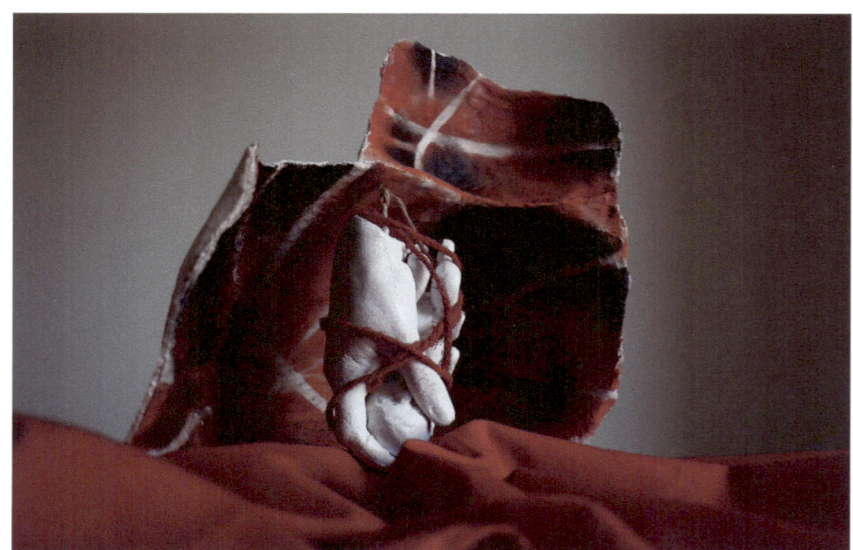

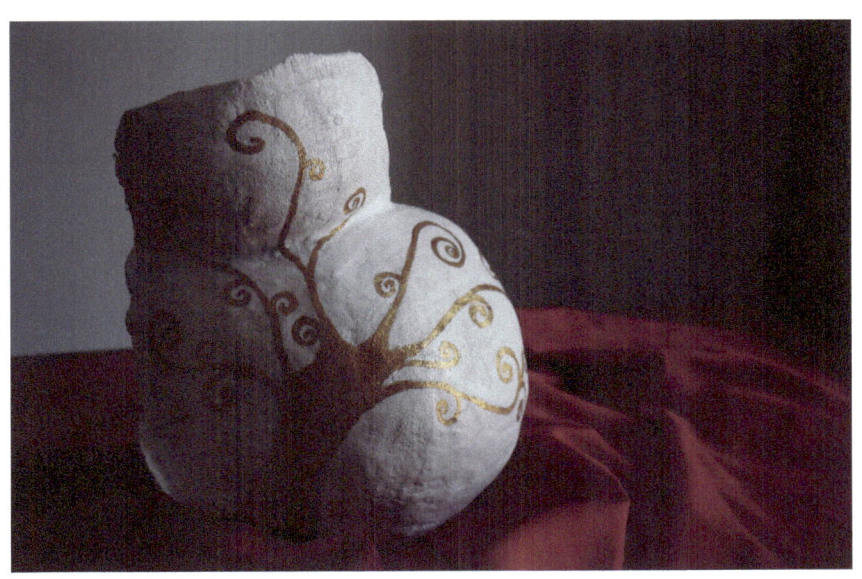

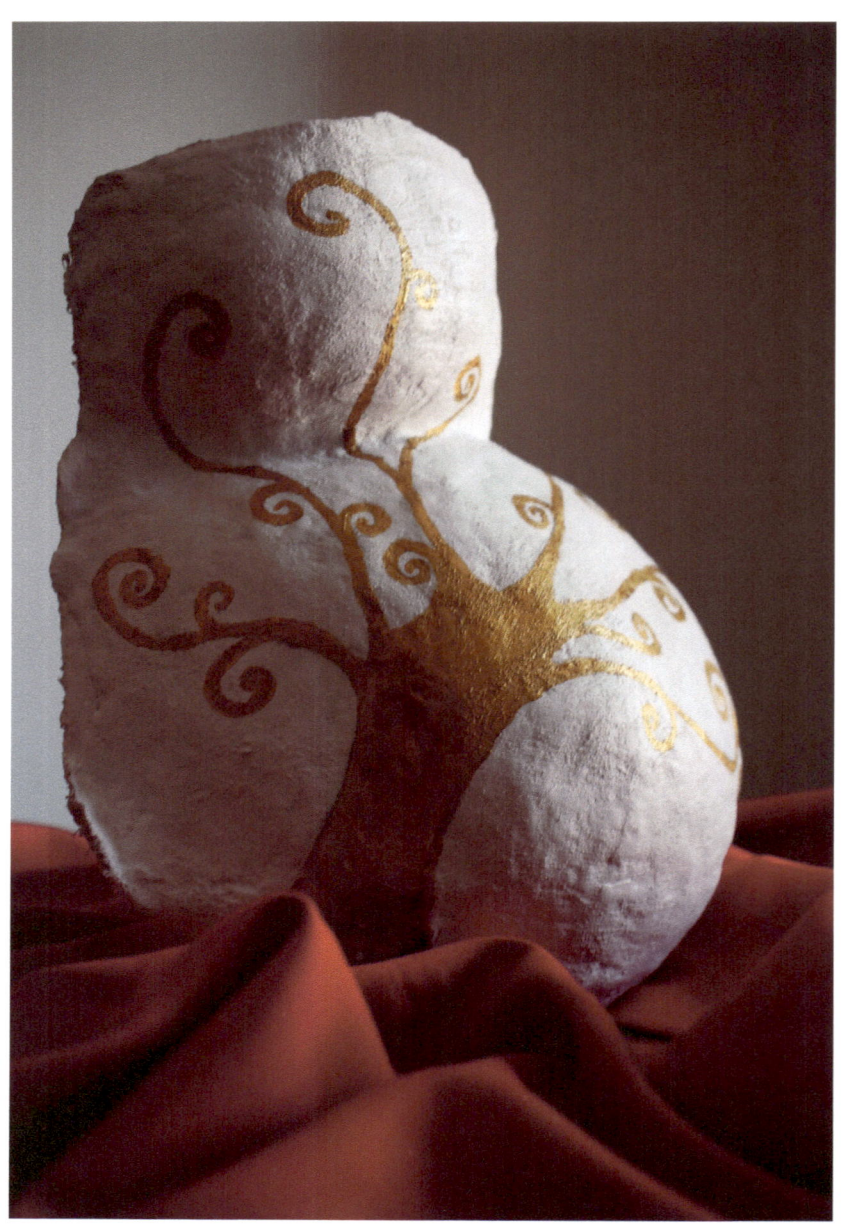

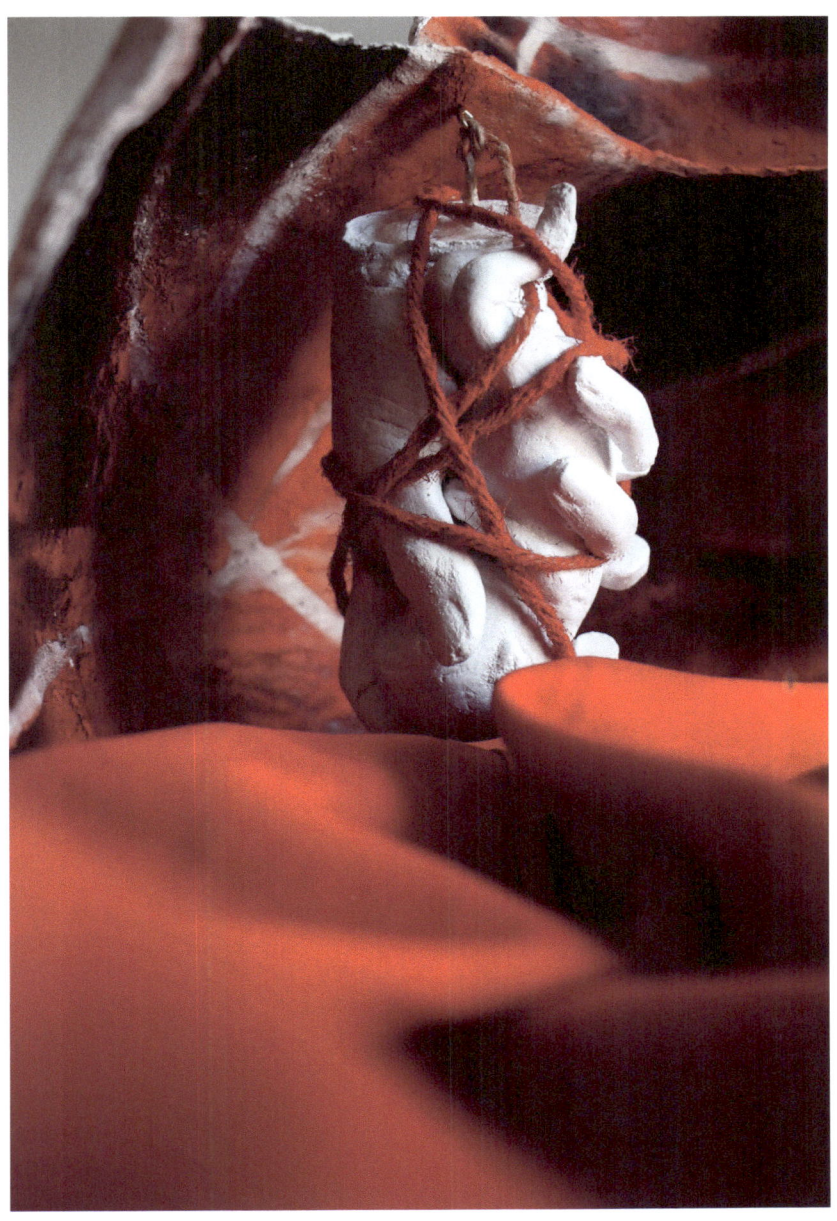

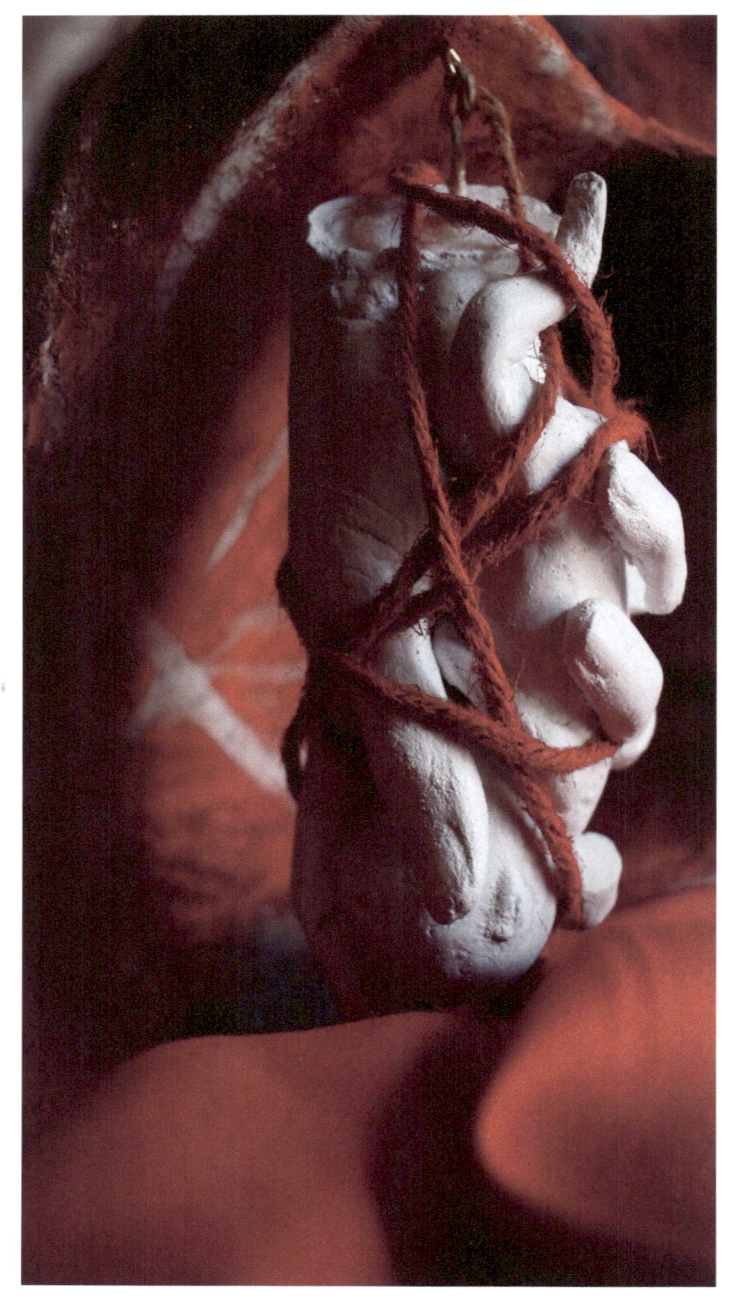

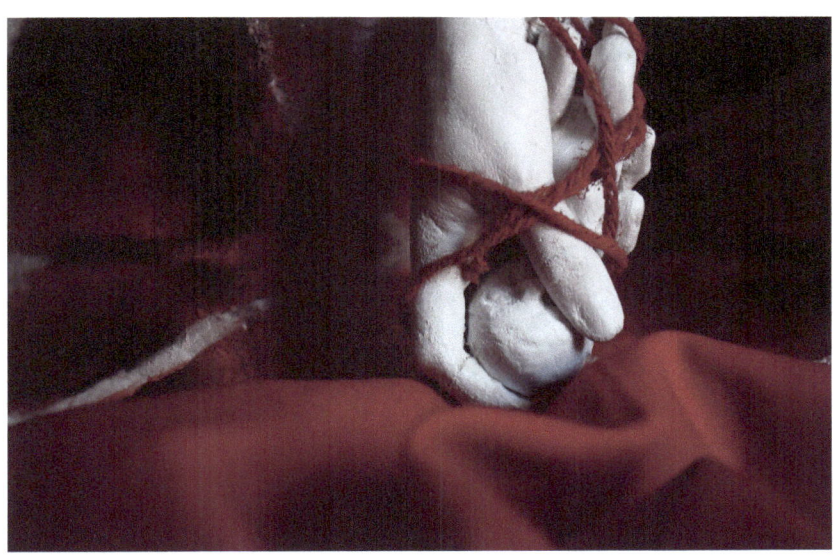

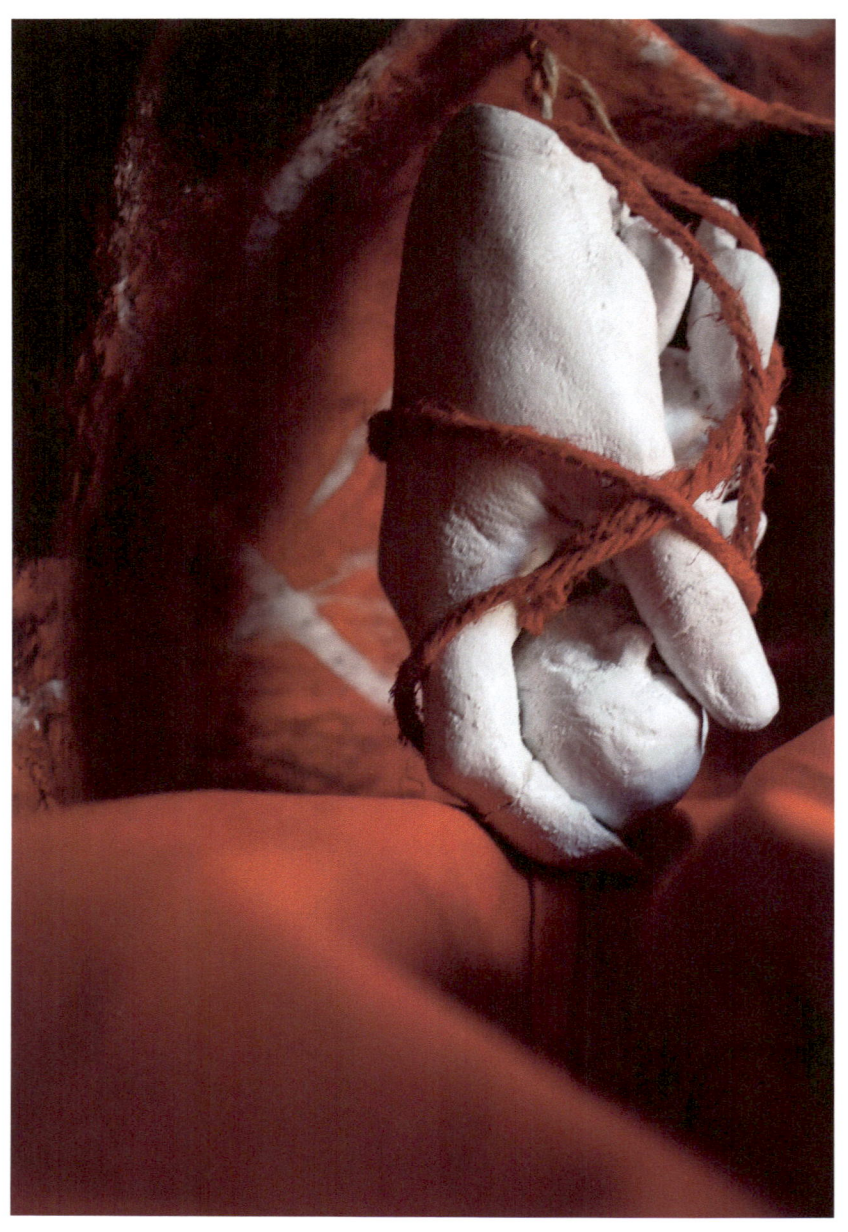

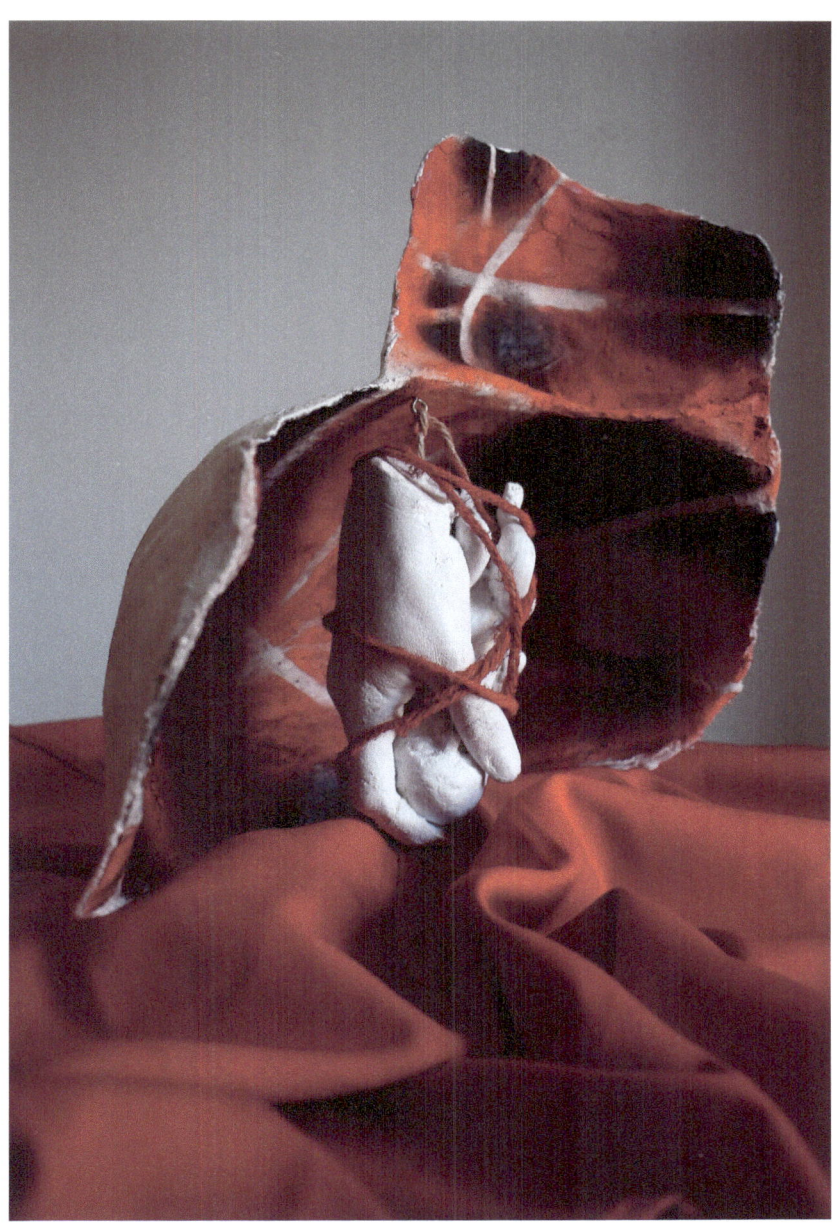

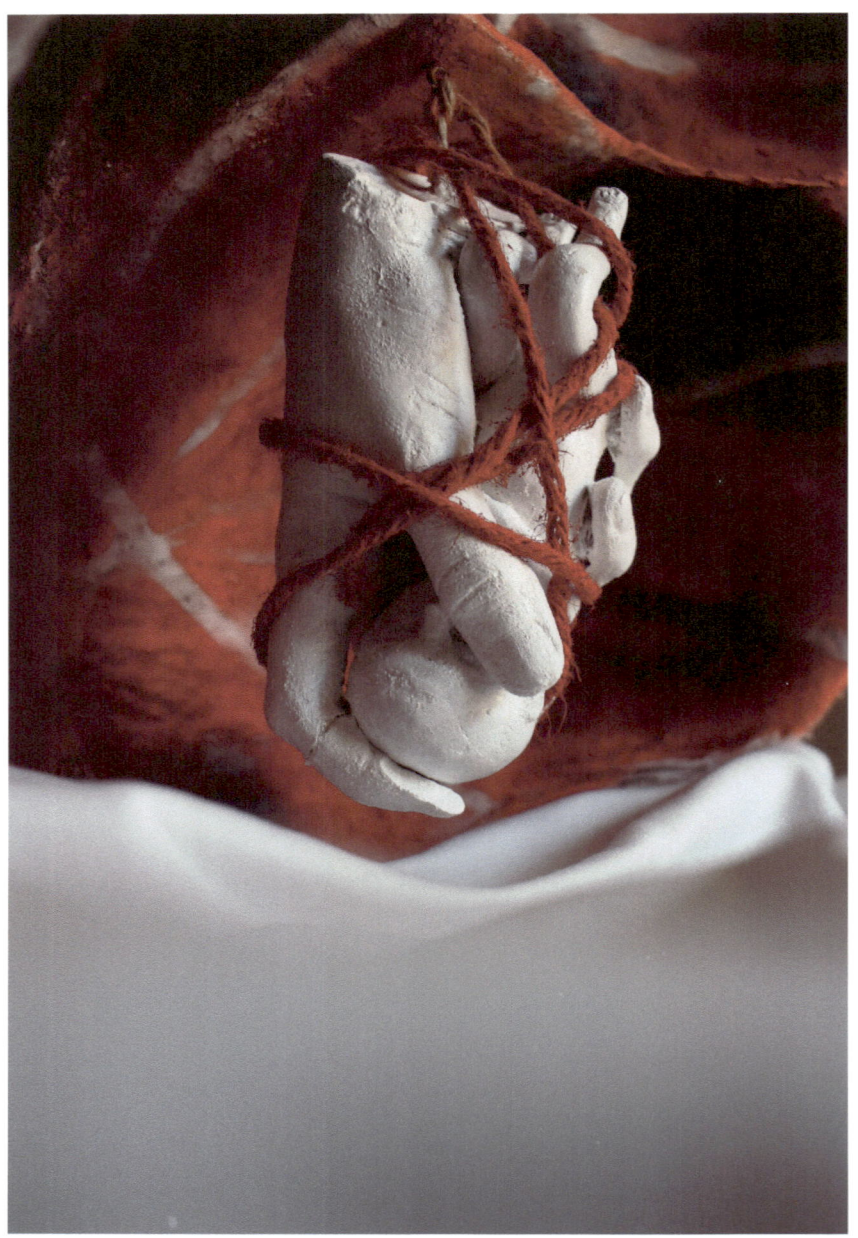

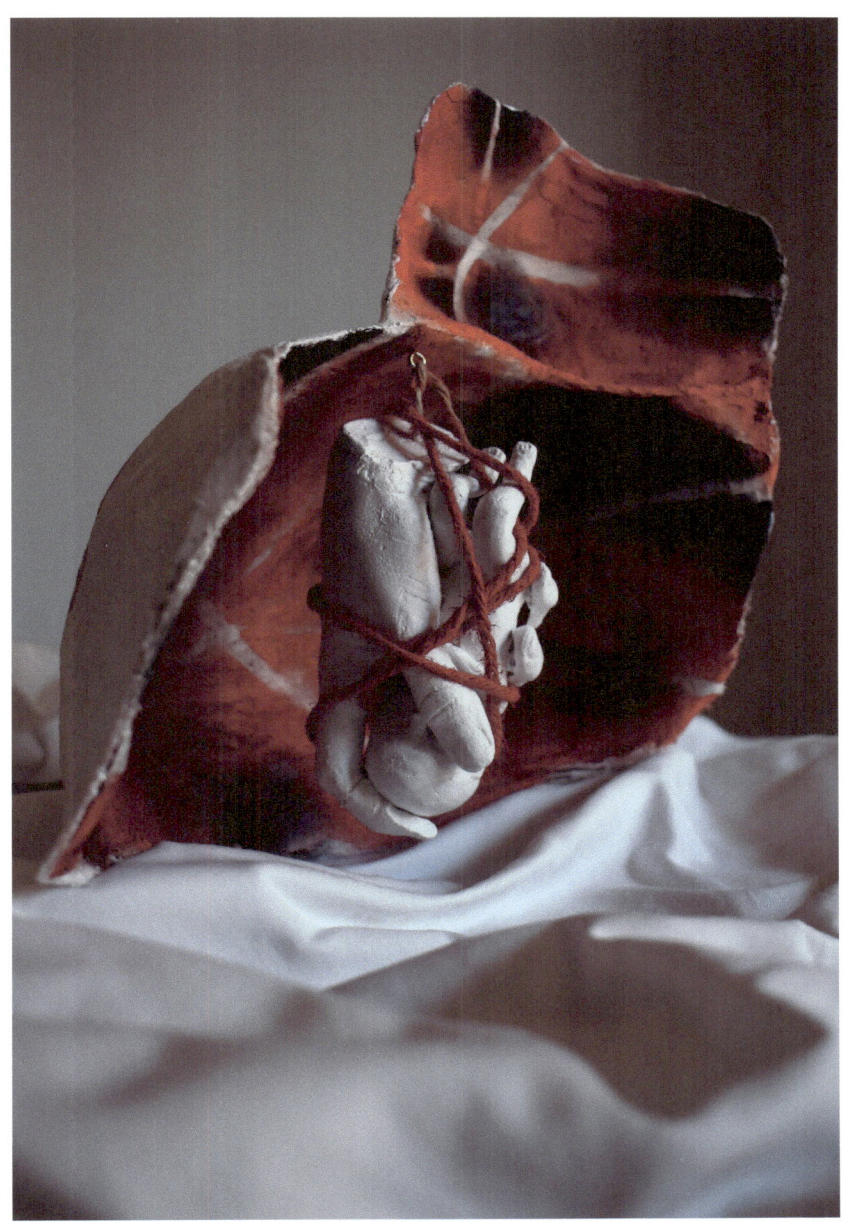

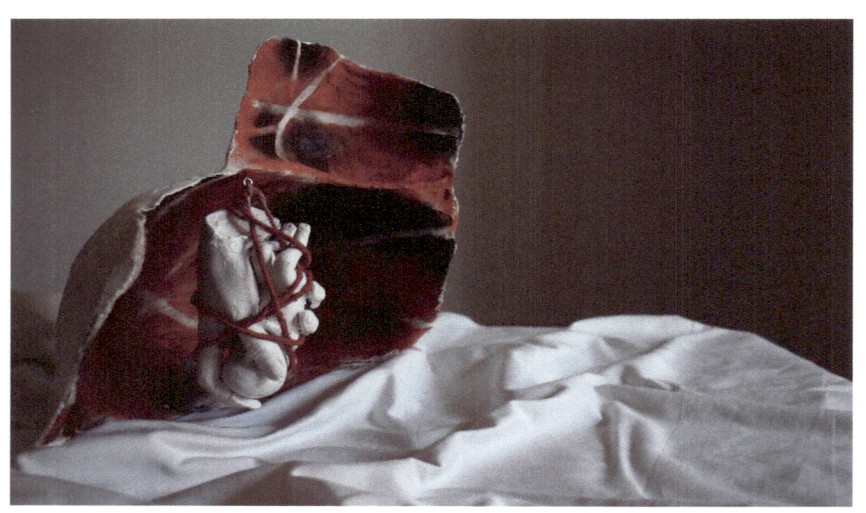

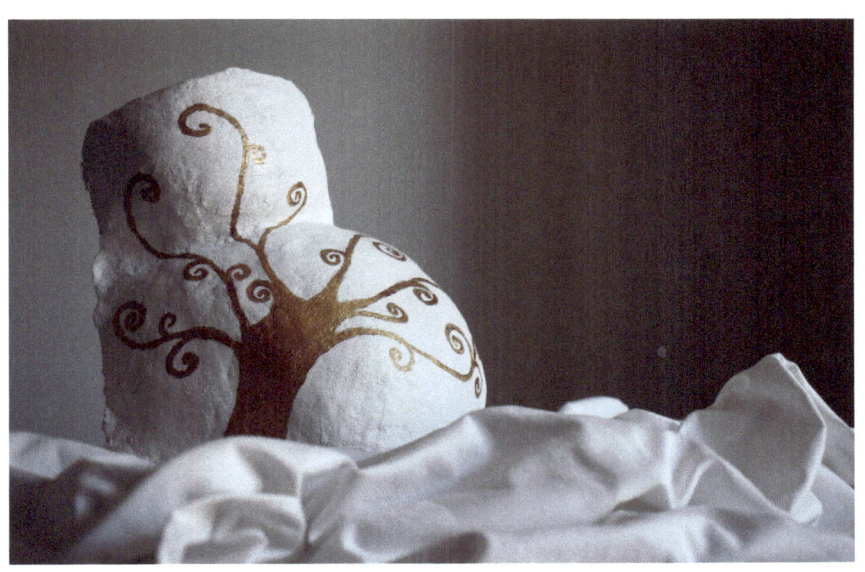

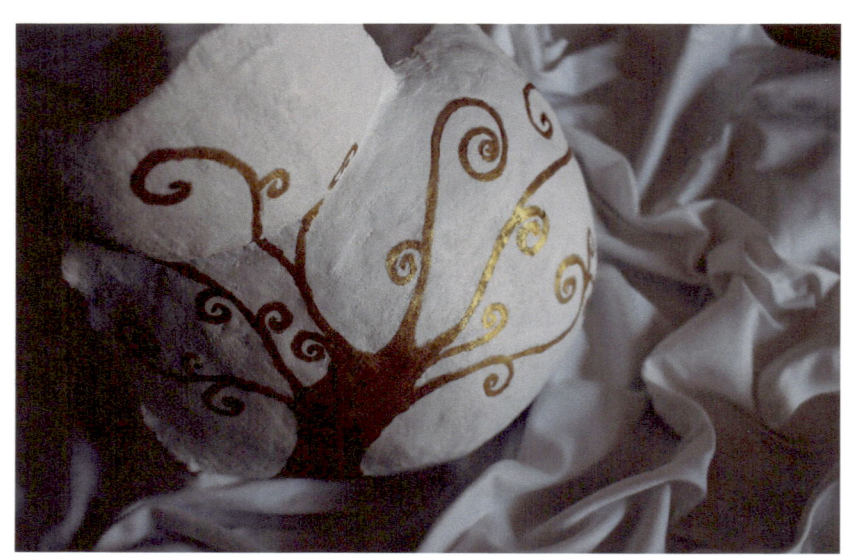

Sitografia

-https://cultura.biografieonline.it/albero-della-vita-klimt/
-https://www.archivioscanavino.it/it/info/opere
-https://www.signoriarte.com/artisti/s/scanavino-emilio/

Bibliografia

-"Cultura", Marco Aime, ed. Bollati Boringhieri, 2013.

www.ingramcontent.com/pod-product-compliance
Lightning Source LLC
Chambersburg PA
CBHW040335220526
45473CB00009B/2693